DANIEL BOONE

Un pionero estadounidense
a la conquista del oeste

Por Gauthier Godart

En colaboración con Jonathan Jackowska

Traducido por Laura Soler Pinson

Historia 50MINUTOS.es

DANIEL BOONE

- **¿Nacimiento?** El 2 de noviembre de 1734, cerca de la actual ciudad de Reading (Pensilvania).
- **¿Muerte?** El 26 de septiembre de 1820, cerca de Defiance (Misuri).
- **¿Objetivo de las expediciones?** Cazar, explorar y colonizar.
- **¿Región explorada? Kentucky.**
- **¿Principales aportaciones?**
  - La señalización de la Wilderness Road, que permite cruzar los Apalaches para llegar a Kentucky.
  - La construcción de uno de los primeros fuertes anglosajones al oeste de los Apalaches, que se convierte en la ciudad de Boonesborough.

  [...]
  Daniel Boone was a man,
  Yes, a big man!
  And he fought for America
  To make all Americans free!
  [...]
  Daniel Boone was a man!

Yes, a big man!
With a dream of a country that'd
Always forever be free!
[...] (Matson y Newman 1964-1970, *Daniel Boone Theme Song*, canción interpretada por Fess Parker).

Así es como se presentaba a Daniel Boone en el tema musical de la serie de televisión de culto epónima que, en los años 1960, celebraba sus famosas aventuras. En esos mismos créditos iniciales, el actor estadounidense Fess Parker (1924-2010) —que también encarnó a Davy Crockett (pionero estadounidense, 1786-1836)— mataba a un oso y a un amerindio con valentía. Y eso es porque, en el imaginario estadounidense, Boone encarna todos los estereotipos de los *frontiersmen*, los pioneros que se fueron a conquistar el Oeste.

| Imagen del actor Fess Parker encarnando a Daniel Boone en 1966.

En realidad, Daniel Boone es uno de los héroes más populares de Estados Unidos. Desde que muere en 1820, se pierde la cuenta de las novelas, las películas y las biografías que han contribuido a convertir a este hijo de granjero originario de Pensilvania en una auténtica leyenda.

Lejos de la imagen de cazador sanguinario de amerindios que algunos han querido atribuirle, sobre todo ha marcado la historia por sus incansables ganas de descubrir. Desde muy joven, empieza a rastrear territorios cada vez más alejados, hasta que un día llega a Kentucky, todavía salvaje y prohibido a los colonos británicos en aquel momento. Daniel Boone, que queda embelesado con sus suntuosos valles y sus bosques frondosos, elige esta región y trabaja sin descanso para establecer ahí una colonia. Cuando por fin lo logra, tiene que protegerla de los amerindios, que defienden su territorio. Esto le brinda la ocasión de demostrar en varias ocasiones su valentía y su tenacidad.

BIOGRAFÍA

| Retrato de Daniel Boone.

UN GUSTO PRECOZ POR LA CAZA

Daniel nace el 2 de noviembre de 1734 en la cabaña de madera familiar de los Boone, cuáqueros ingleses que han emigrado hace poco a Pensilvania. Desde su más tierna infancia, sueña con aventuras y pasa muchas horas recorriendo los bosques de alrededor y observando con atención los usos y las costumbres de los amerindios de la región, que intenta imitar. Rápidamente, siente pasión por la caza, que primero practica con un arco que él mismo ha confeccionado y más adelante, con 12 años, con una carabina que le regala su padre.

UNA REGIÓN PROPICIA PARA LOS CUÁQUEROS

El cuaquerismo es un movimiento religioso fundado por disidentes de la Iglesia anglicana. Muchos de sus adeptos son perseguidos y abandonan Inglaterra para ir a instalarse en Pensilvania, cuya colonia fundó en 1681-1682 un cuáquero llamado William Penn (1644-1718), en una región conocida por el ambiente de tolerancia religiosa que reina en ella.

Ahí, Squire Boone (*c.* 1696-*c.* 1765), originario de Devonshire (actual Devon, en el suroeste de Inglaterra) conoce a Sarah Morgan (*c.* 1700-*c.* 1777), una cuáquera de origen galés. El matrimonio se celebra en 1720, y de esta unión nacen varios hijos —entre ellos, Daniel—. La familia se instala en el valle del Oley, cerca de la actual ciudad de Reading, y vive de las actividades de Squire: la herrería, la ganadería y la tejeduría. En 1747, uno de sus hijos se casa con una no cuáquera. La comunidad se lo toma muy mal y decide proscribir a toda la familia. Quizás por esta razón los Boone inician un largo viaje en 1750 que los lleva hasta Carolina del Norte, donde se instalan a orillas del río Yadkin.

Mientras su familia se instala en Carolina del Norte, el joven Daniel conoce a Rebecca Bryan (1739-1813), la hija de un vecino, y se casa con ella el 14 de agosto de 1756. Para alimentar a su familia, empieza a practicar el *long hunt* («cacería larga») que consiste en irse cada otoño a una expedición larga de caza en lugares remotos y ricos en animales.

EL DESCUBRIMIENTO DE KENTUCKY

Precisamente durante una de esas largas cacerías pone un pie por primera vez en Kentucky, en 1767. Entonces, observa que su amigo John Finley (1759-1846), que le ha contado numerosas historias sobre esta región salvaje, no le ha mentido. Daniel Boone se da cuenta rápidamente de los beneficios que podrían obtenerse instalándose ahí.

A ello le siguen muchos intentos accidentados para establecerse en Kentucky. En varias ocasiones, durante estas expediciones, es hecho prisionero por los amerindios, que también secuestran y matan a su hijo mayor, James, en 1773. A pesar de eso, continúa con su deseo de instalarse en la región. Mientras sigue su búsqueda, marca la primera ruta real hacia el salvaje oeste, la Wilderness Road, y acaba por construir un fuerte que se convierte rápidamente en una pequeña ciudad llamada Boonesborough.

Pero Daniel Boone no solo destaca como explorador. También es un soldado que participa en muchas batallas. En particular, defiende valientemente Boonesborough contra los ingleses y los amerindios durante la guerra de Independencia (1775-1783). Todas estas proezas lo convierten en uno de los héroes de la nación más conocidos, pero también de los que más cosas se han imaginado.

| Litografía que representa a Boone luchando contra los amerindios para proteger a su familia.

Así, una de las múltiples anécdotas que se cuentan sobre él asegura que, siendo un niño, habría matado a sangre fría, de un disparo en pleno corazón, a un puma que los perseguía a él y a los otros jóvenes con los que se había ido a cazar.

CONTEXTO

Lo cierto es que escribir la historia de Daniel Boone equivale a escribir la historia del nacimiento de Estados Unidos de América. El aventurero conoció todas las transformaciones que han llevado a la creación de esta nueva nación, de la guerra franco-india (1754-1763) a la guerra de Independencia, pasando por los inicios de la conquista del oeste.

LA GUERRA FRANCO-INDIA

En 1750, las colonias inglesas instaladas en el Nuevo Continente son 13 y están situadas entre los Apalaches y la costa Atlántica. De norte a sur, están Nuevo Hampshire, Massachusetts, Nueva York, Rhode Island, Connecticut, Nueva Jersey, Pensilvania, Virginia, Delaware, Maryland, Carolina del Norte, Carolina del Sur y Georgia. Por su parte, Nueva Francia (nombre que se da al territorio colonial francés en Norteamérica) se sitúa en el amplio espacio que se encuentra entre las dos fronteras naturales formadas por los Apalaches y por el Misisipi. Esta zona se extiende, por el norte, por una parte de las actuales provincias canadienses de Ontario y Quebec, y por la costa Atlántica (la parte continental de la actual Terranova y Nuevo Brunswick).

Pero los británicos se sienten agobiados en sus Trece Colonias y no ven con buenos ojos la influencia católica de los franceses, que están muy decididos a mantener el control de sus vastas posesiones norteamericanas. La tensión va progresivamente en aumento y termina por desencadenar la guerra franco-india (en inglés, llamada *French and Indian War*).

Durante este conflicto, cada uno de los beligerantes intenta entablar alianzas con las tribus amerindias, que se posicionan en función de las relaciones pasadas y de las garantías ofrecidas. Aunque los ingleses sufren grandes derrotas durante la primera fase de la guerra, la balanza acaba inclinándose a su favor. Así, cabe mencionar especialmente la batalla de las Llanuras de Abraham (13 de septiembre de 1759), que se salda con una severa derrota francesa y marca el inicio de la dominación de los ingleses en Nueva Francia, región que controlan totalmente en 1763. Los franceses se ven obligados a ceder sus posesiones americanas a Inglaterra y, al final, solo conservan las islas de San Pedro y Miquelón y el derecho de pesca en Terranova.

EL NACIMIENTO DEL PATRIOTISMO ESTADOUNIDENSE

En ese momento, las Trece Colonias están teóricamente supervisadas por la monarquía inglesa, que sitúa a la cabeza de cada una de ellas a un gobernador que se somete directamente a su autoridad. Pero esto no impide que los colonos se alejen culturalmente de Inglaterra y que desarrollen progresivamente un cierto patriotismo y una conciencia como nación.

Aunque los gobernadores reales controlan las

colonias, en realidad, desempeñan un papel bastante anecdótico. En efecto, los asuntos internos fundamentales se tratan en asambleas locales, que votan sobre todo leyes e impuestos locales. En paralelo, se desarrolla en la mente de los intelectuales americanos el concepto de la república, que propone que los que tienen el poder ya no vengan determinados por la herencia, sino que sean elegidos por el pueblo. Entonces, empiezan a surgir críticas hacia la Corona inglesa, que se van volviendo cada vez más mordaces según van aumentando los impuestos.

Efectivamente, la guerra de los Siete Años cuesta cara a Inglaterra, que intenta llenar de nuevo las arcas llevando a cabo una política fiscal muy drástica en sus colonias. Los colonos aceptan aún menos estos impuestos muy elevados, teniendo en cuenta que no están representados en el Parlamento de Londres.

El rey Jorge III (1738-1820) empeora aún más el descontento general cuando, tras la guerra franco-india, prohíbe la colonización de los territorios situados al oeste de los Apalaches. Aunque esta decisión parte de una buena intención, ya que el objetivo es calmar a las poblaciones amerindias que tanto han sufrido durante la guerra, lo cierto es que los colonos, que cada vez son más en las Trece Colonias, acogen mal esta noticia. De hecho, algunos no dudan en desafiar a la autoridad real implantándose en esa zona prohibida, a pesar de todo.

LA GUERRA DE INDEPENDENCIA

Así, en los años 1760, las tensiones alcanzan su punto álgido. Se multiplican las reuniones secretas de patriotas y se producen incidentes. Londres se prepara para enfrentarse a la oleada de protestas que se avecina reforzando la presencia militar inglesa en las colonias, y reprime violentamente una revuelta en Boston en 1770. Este acontecimiento se conocerá para siempre como «la masacre de Boston», en la que mueren 11 patriotas y que se convierte en el elemento desencadenante de una radicalización de los movimientos patriotas que llevará a la guerra de Independencia.

En 1773, se consuma la ruptura, cuando Inglaterra promulga la Tea Act o Ley del Té, una ley que exime de impuestos a la Compañía Inglesa de las Indias Orientales, que en ese momento es presa de grandes problemas financieros. De esta manera, se le garantiza un monopolio en el transporte del té. Para los colonos americanos, esta es la gota que colma el vaso. El 16 de diciembre, como señal de protesta, unas cuantas decenas de bostonianos disfrazados de indios se cuelan en varios barcos cargados de té y tiran la carga al mar: es el Boston Tea Party. La autoridad real reacciona promulgando las Coercive Acts, un conjunto de leyes que tienen como objetivo la restauración del orden y el refuerzo de la seguridad en las colonias y, más en concreto, en Massachusetts.

Las colonias rechazan esta decisión, por lo que se reúnen en un Congreso Continental que se celebra del 5 de septiembre al 26 de octubre de 1774. En él se reclama la igualdad de derechos entre los colonos y los ingleses de la metrópoli, y sobre todo el de tener representación en el Parlamento. La decisión más importante que se toma es la de interrumpir cualquier intercambio comercial con la metrópoli mientras no se abolan las Coercive Acts, inmediatamente rebautizadas por los patriotas como Intolerable Acts.

A medida que pasa el tiempo, aumentan cada

vez más los partidarios de la independencia y, durante un segundo Congreso Continental en 1775, las colonias crean una asamblea legislativa. El 4 de julio de 1776, se adopta la Declaración de Independencia y en seguida se imprime y se envía a todas las colonias, así como a Europa. Este texto proclama el nacimiento de Estados Unidos de América y marca el inicio de un conflicto abierto entre la Corona británica y las Trece Colonias.

Tal y como sucede durante la guerra franco-india, los dos bandos intentan obtener el apoyo de las tribus amerindias, pero la mayoría teme el apetito colonialista de los patriotas, por lo que se posiciona con el bando inglés. Los patriotas, que están en clara inferioridad numérica y, por lo tanto, les cuesta hacer frente a sus enemigos, encuentran su salvación del lado de Francia, que decide apoyarlos para tomarse la revancha con Inglaterra. Tras 8 años de conflicto, Inglaterra es derrotada y, el 3 de septiembre de 1783, se ve obligada a reconocer la independencia de las Trece Colonias, que se convierten oficialmente en Estados Unidos de América.

LAS EXPEDICIONES

Con el final de la dominación francesa en el oeste de los Apalaches al término de la guerra franco-india, se abren a los ingleses territorios vastos, al tiempo que la presión demográfica de las Trece Colonias cada vez es mayor y la caza cada vez más escasa. Así, no sorprende que algunos colonos empiecen a soñar con establecer nuevas colonias en las tierras del oeste todavía salvajes y ricas en caza.

Además, a pesar de la prohibición que ha proclamado el rey Jorge III, algunos de ellos empiezan a aventurarse más allá de los límites de las Trece Colonias. El movimiento va creciendo a medida que se pone en entredicho la autoridad inglesa. Daniel Boone, que sueña con aventuras desde su más tierna infancia, no es más que uno de muchos aventureros, pero sus proezas lo convertirán en uno de los pioneros más famosos y más respetados de la historia estadounidense.

PRIMERAS ODISEAS Y DESCUBRI-MIENTO DE KENTUCKY

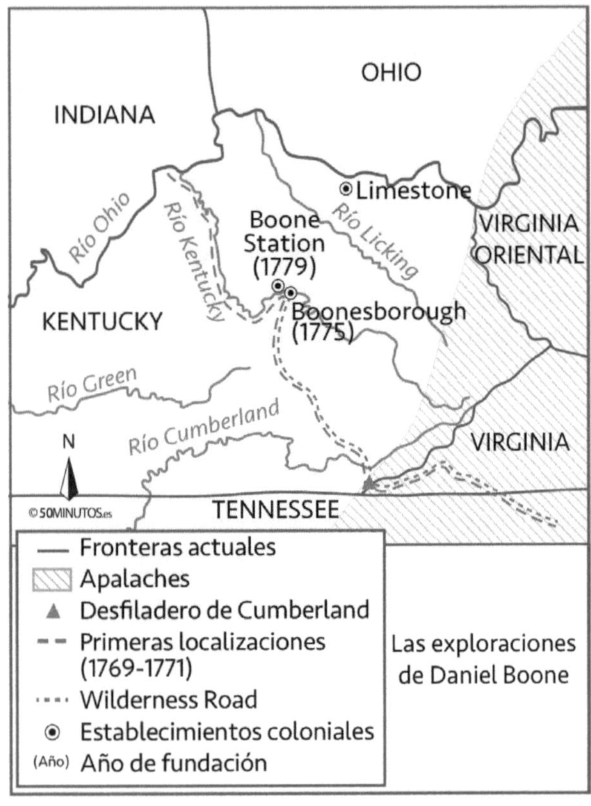

La primera odisea real del joven Daniel Boone es de tipo militar. En 1755, cuando apenas tiene 21

años, participa en una de las primeras campañas de la guerra franco-india, la expedición militar de Braddock. Entonces, ejerce la función de carretero, al igual que John Finley, con el que entabla una amistad. Este hombre, que en el pasado ha recorrido Kentucky para intentar establecer relaciones comerciales con los amerindios, le cuenta una gran cantidad de historias sobre esta región todavía salvaje. Aunque la expedición acaba en desastre, este encuentro marca a Daniel durante mucho tiempo.

LA EXPEDICIÓN DE BRADDOCK

La campaña de Braddock —cuyo nombre proviene de su instigador, el general Edward Braddock (*c.* 1695-1755)— se inscribe en el contexto general de la guerra franco-india y es una de las primeras campañas inglesas en el oeste de los Apalaches. El objetivo es tomar Fuerte Duquesne, una importante plaza fuerte francesa que se sitúa donde actualmente se encuentra Pittsburgh y desde donde los ingleses podrían continuar su conquista de Nueva Francia. Pero nunca llegarán hasta ahí. Sorprendidos por una coalición de franceses y amerindios, sufren

No obstante, Daniel Boone no se aventura directamente en Kentucky. Tras su participación en la guerra franco-india, parte a principios de los años 1760 para participar en grandes cacerías en la actual Tennessee y en Carolina del Norte. A continuación, explora la Florida occidental (1765), donde planea establecerse durante un tiempo con su familia en Pensacola, la ciudad más occidental del territorio. Cuenta la leyenda que, sin embargo, su esposa Rebecca se niega con tanta fuerza a irse que Daniel abandona el proyecto.

No es hasta el otoño de 1767 cuando entra por primera vez en el territorio de Kentucky, durante una *long hunt* que lo lleva particularmente lejos. Para comprender el alcance de esta hazaña, cabe recordar que, para llegar hasta Kentucky, Boone se ve obligado a cruzar los Apalaches. Ahí descubre bosques frondosos y salvajes y valles donde abundan los animales de caza —en definitiva, una tierra muy prometedora—.

IDENTIFICACIONES DE LUGARES Y PRIMER ESTABLECIMIENTO

Cuando vuelve a su casa en la primavera de 1768, tiene la intención de volver a irse con la mayor brevedad posible. Entonces, conoce a Richard Henderson (1734-1785), un importante juez de Carolina del Norte que se ha lanzado en la especulación inmobiliaria y ha fundado la Transylvania Company. Este hombre forma parte de los que han sentido frustración con el edicto de Jorge III. Como no ve ninguna razón legítima para limitarse al este de los Apalaches, encarga a Daniel que parta en misión de reconocimiento a Kentucky para que evalúe las posibilidades de establecer una colonia allí.

El 1 de mayo de 1769, el explorador vuelve a ponerse en camino acompañado por 5 hombres, entre los que figuran su hermano Squire Junior, su cuñado John Stuart y su amigo John Finley. Juntos, cruzan el desfiladero de Cumberland, paso natural a través de los Apalaches, situado en el suroeste de Virginia, y llevan su incursión hasta el río Kentucky. Durante 2 años, se familiarizan con los espacios vírgenes de la región. Allí encuentran abundantes presas y consiguen muchas pieles. Pero están allí sobre todo para reconocer la región, de la que exploran minuciosamente el centro, antes de remontar el curso fluvial hasta el río Ohio. Estos dos años de aventuras están acompañados de escaramuzas con los pueblos indígenas que a veces son serias.

La primera vez, unos shawnees lo sorprenden mientras está cazando con su cuñado. No obstante, logra escaparse y continúa tranquilamente con sus investigaciones. La segunda vez que lo capturan es en 1771, cuando tanto él como sus compañeros están regresando. Unos cherokees los atacan, les confiscan su material y sus caballos, se apoderan de su preciosa cosecha de pieles, y les transmiten el mensaje alto y claro de que no saldrán vivos si se produce un segundo encuentro.

A pesar de estas desventuras, Boone sigue muy decidido a continuar su odisea. Cuando vuelve a su casa, se lleva a su familia y se une a un grupo de unas decenas de colonos que quieren establecerse de forma duradera en Kentucky. Juntos, emprenden el camino en 1773, pero la empresa da un giro dramático cuando unos amerindios atacan el convoy y matan a 5 de los colonos que habían abandonado temporalmente la caravana, entre ellos, el hijo de Daniel, James, que tiene apenas 16 años.

Aunque la mayor parte de los colonos que lo

acompañaban se desaniman tras este terrible episodio, Boone no está dispuesto a abandonar su búsqueda, algo que resulta oportuno. En 1775, Richard Henderson compra a los cherokees de forma completamente ilegal las tierras que Boone había descubierto en Kentucky. Allí prevé la fundación de una gran colonia, Transilvania, y propone a nuestro protagonista que se coloque a las riendas de un contingente de hombres para marcar la Wilderness Road, una ruta que, una vez acabada, debería permitir que los colonos atravesaran fácilmente los Apalaches para llegar a la nueva colonia. En seguida, Daniel se va a la aventura y señaliza la ruta que él mismo ha seguido a través del desfiladero de Cumberland. Lleva su empresa hasta el río Kentucky, donde el 1 de abril empieza la construcción de un fuerte al que naturalmente se le da el nombre de Boonesborough.

BAJO EL FUEGO ENEMIGO

Boonesborough se convierte en una de las primeras colonias anglófonas implantadas más allá de los Apalaches. Su nacimiento, que va totalmente en contra de los deseos del soberano inglés, es bastante sintomático de la brecha que se ha abierto entre los intereses de los colonos y la autoridad de la metrópoli, que desembocará en la guerra de Independencia.

A finales de 1776, Kentucky se convierte en un condado de Virginia y Boone es nombrado oficial de la milicia patriótica de este estado y, más adelante, mayor de la misma. Su papel en el conflicto es fundamentalmente de defensa de las colonias de Kentucky contra los amerindios, que se han aliado con la Corona inglesa.

UNA FUENTE DE INSPIRACIÓN PARA *EL ÚLTIMO MOHICANO*

Se cuenta que, en 1776, la hija de Boone, Jemima, y otras dos adolescentes son secuestradas por amerindios cuando se paseaban fuera de Boonesborough. Mientras que los captores remontaban hacia el norte con su presa, Daniel Boone les habría dado alcance con algunos hombres y habría logrado arrancar de sus manos a las tres jóvenes tras haberles tendido una emboscada. Este episodio habría inspirado a James Fenimore Cooper (novelista estadounidense, 1789-1851) para escribir una de sus novelas históricas, *El último mohicano* (1826).

Imagen en la que se representa la captura de la hija de Daniel Boone.

En 1777, Boonesborough tiene que resistir a un ataque de amerindios financiado por los ingleses. Durante este asalto, Daniel Boone resulta herido en una pierna. Aunque el fuerte resiste a varias ofensivas, los asaltantes asolan sus cosechas y su ganado. Por lo tanto, los colonos deben encontrar sal urgentemente para conservar la carne de la que disponen. En cuanto se restablece de su herida, Boone parte con unos 30 hombres para abastecerse en los manantiales salinos que se encuentran junto al río Licking (al noreste de Boonesborough).

En el transcurso de esta expedición, es sorprendido y capturado por los shawnees, que esta vez están muy decididos a retenerlo como prisionero. Durante 3 meses, el aventurero vive junto a sus captores. El jefe de la tribu, Blackfish (c. 1725-1779) le toma afecto y termina por adoptarlo. A lo largo de todo este periodo, nuestro trotamundos se mantiene discreto y se pliega a los usos de la tribu. Pero una noche, escucha una conversación entre un oficial británico y el jefe amerindio acerca de un ataque combinado de las fuerzas inglesas y amerindias al fuerte de Boonesborough. Dado que la situación es urgente, Boone decide escaparse, corre para alertar a Boonesborough del peligro que corren y organiza su defensa. Gracias a él, la ciudad resiste con valentía a los asaltos y los agresores terminan por levantar el asedio.

Resulta difícil identificar la parte de leyenda en este episodio. En cualquier caso, sí se sabe a ciencia cierta que Boone fue secuestrado por unos amerindios en esta época y que, efectivamente, informó a Boonesborough del ataque que se estaba preparando. También se sabe que existieron sospechas de que hubiese pactado con el enemigo —por el tiempo que pasó en cautividad— y que, tras el asedio de la ciudad, declaró ante un tribunal militar. No obstante, sale limpio de toda conjetura, dado que su papel en la defensa del fuerte fue determinante y su testimonio, convincente.

Tras esto, Daniel Boone se reúne con su familia, que se ha refugiado en Carolina del Norte. A continuación, se vuelve a poner en camino a la cabeza de un grupo de colonos y, en 1779, funda el establecimiento colonial de Boone Station, cerca de Boonesborough. Ha adquirido una cierta notoriedad, por lo que empieza a recibir importantes ascensos. En 1780, cuando Kentucky está dividido en tres condados, es nombrado teniente coronel del condado de Fayette. En abril de 1781, recibe un cargo en la Asamblea de Virginia y, al año siguiente, es ascendido a *sheriff* de este mismo condado.

La guerra todavía prosigue, por lo que participa en varias batallas más al oeste de los Apalaches, en particular en Ohio, donde los patriotas intentan someter a las tribus amerindias aliadas de los ingleses, pero también en Kentucky, en una batalla que costará la vida a uno de sus hijos, Israel.

ESPECULACIÓN INMOBILIARIA Y EXILIO

En 1776, poco antes de que Kentucky se convierta en un condado de Virginia, los títulos de propiedad de la Transylvania Company son anulados y la colonización de Kentucky se efectúa de manera completamente anárquica. Entonces, Boone se aprovecha de la situación y empieza a vender parcelas de tierra a los colonos.

Con las ganancias obtenidas, compra y revende miles de acres de tierra. Así, en 1786, cuando se muda a Limestone (la actual Maysville), situada más al norte de Kentucky, puede decirse que es rico.

Un robo terrible

En 1780, cuando se dirige hacia Virginia con los 20 000 dólares que ha obtenido de diversos colonos para comprar títulos de propiedad, para en un albergue para pasar la noche. Desgraciadamente, cuando se despierta, descubre con sorpresa que le han robado todo el dinero. Tardará años en pagar esa deuda.

Pero con el final de la guerra de Independencia, sus títulos son impugnados y empieza a perderlos sucesivamente. Se le confiscan con la excusa de que están mal registrados y Daniel Boone se ve ahogado por las deudas.

Acosado por sus acreedores y perseguido por los problemas jurídicos ligados a sus propiedades impugnadas, decide abandonar Kentucky e instalarse en Virginia, en Point Pleasant, en 1788. Pero cuando pierde su última propiedad, hacia 1798-1799, decide irse de Estados Unidos para reunirse con su hijo, que se encuentra en lo que se convertirá en Misuri y que, en aquel entonces, es territorio español.

Se le conceden tierras y obtiene un puesto de magistrado en la administración española. Pero ese territorio pronto será cedido a Estados Unidos (1803) y, de nuevo, Boone tiene que enfrentarse a los problemas administrativos. Como el acuerdo por el que ha sido nombrado propietario de su parcela se ha hecho oralmente, no dispone de ningún título de propiedad que justifique su legitimidad. Por lo tanto, se le vuelve a confiscar su bien.

A ello le siguen 10 años de trámites para que se restablezcan sus derechos. Por fin se hace justicia en 1814, un año después de la pérdida de su mujer, Rebecca, el 18 de marzo de 1813. Pasa la mayor parte del final de su vida en compañía de sus hijos y de sus nietos y fallece el 26 de septiembre de 1820.

REPERCUSIONES

KENTUCKY: DE LA COLONIA AL ESTADO

Estrictamente hablando, Daniel Boone no descubre Kentucky. De hecho, existen estudios históricos que demuestran que la región ya había sido explorada por muchos cazadores antes que él, entre ellos, su amigo John Finley. No obstante, al marcar la Wilderness Road a través de los Apalaches y al crear y proteger uno de los primeros establecimientos coloniales en esa tierra salvaje, no quedan dudas de que participa en su colonización.

Kentucky, que a finales de los años 1760 todavía no era más que un terreno de caza de algunas tribus amerindias, se convierte en 1776 en un condado de Virginia. En 1780, cuando está dividido en 3 condados, ya está habitado por al menos 45 000 colonos estadounidenses.

Aunque los principios de la colonización son bastante caóticos, tras la guerra de Independencia este territorio gana una cierta coherencia y un cierto peso. Sus habitantes, separados de Virginia por los Apalaches, no se consideran virginianos y empiezan a reclamar su independencia. Se les da la razón el 1 de junio de 1792, cuando Kentucky se convierte en el decimoquinto estado de Estados Unidos de América.

Hoy, en el lugar donde se alzaba Boonesborough, se puede visitar una reconstrucción del fuerte de Daniel Boone que sirve de museo.

LA CONQUISTA DEL OESTE

En la mente estadounidense, el nacimiento de Estados Unidos de América se asocia a la conquista de la libertad, que se hace en dos frentes: primero con la Corona inglesa y, a continuación, con el oeste salvaje. Justo después de la guerra de Independencia, el expansionismo se convierte rápidamente en uno de los grandes valores populares estadounidenses. Los patriotas, que han logrado alcanzar la libertad a través de la democracia, ahora tienen la misión sagrada de propagarla y de difundirla por todo el mundo, pero también, y sobre todo, al otro lado de la Frontera, esa línea de demarcación cambiante entre la «civilización» y un oeste virgen e impenetrable que está esperando ser conquistado.

Por lo tanto, los estadounidenses ven a Daniel Boone como uno de los pioneros más importantes. No solo lucha durante la guerra de Independencia para defender la libertad de los patriotas, sino que también les abre el camino hacia el Oeste.

No obstante, cabe precisar que los inicios de la colonización de los territorios situados más allá de los Apalaches son más bien tímidos y son el resultado de acciones que llevan a cabo *frontiersmen* experimentados. En realidad, habrá que esperar a la segunda mitad del siglo XIX para asistir a una auténtica masificación del fenómeno. En esa época, se descubren importantes yacimientos de oro en California, algo que desencadena la fiebre del oro y la emigración de cientos de miles de personas al oeste estadounidense. Al mismo tiempo, el periodista John O'Sullivan (1813-1895) marca la historia al dar una nueva justificación al expansionismo estadounidense a través del concepto del «destino manifiesto»: «Nuestro destino manifiesto es extendernos por todo el continente que nos ha sido asignado por la Providencia para el desarrollo del gran experimento de la libertad y autogobierno» (Hilje 2007) escribe en 1845.

EL NACIMIENTO DE UNA LEYENDA

En 1783, tras 8 largos años de combate, Inglaterra reconoce la independencia de Estados Unidos de América. La nación que está surgiendo necesita entonces grandes figuras, ejemplos que seguir, héroes nacionales y unificadores. Los autores John Filson (1747-1788) y Timothy Flint (1780-1840) van a ofrecerle uno.

John Filson, colono de Kentucky e historiador de su estado, conoce a Daniel Boone. Cuando se acerca el 50.º aniversario del explorador, decide dedicarle un anexo en su libro sobre la historia de la joven colonia. Así, encontramos en *The Discovery, Settlement and Present State of Kentucke* (*El descubrimiento, colonización y estado presente de Kentucky*), publicado en 1784, un largo apéndice dedicado a las aventuras de Daniel Boone. La obra alcanza un gran éxito y en seguida se traduce al francés y al alemán. El anexo, que contribuye a la fama de la obra, da una gran visibilidad a las andanzas de Daniel

Boone.

Unas décadas más tarde, Timothy Flint publica a su vez una biografía de nuestro aventurero (*Biographical Memoir of Daniel Boone, the First Settler of Kentucky*, «Biografía de Daniel Boone, el primer colono de Kentucky», 1833). En ella, novela mucho las aventuras del pionero, algo que parece gustar al público, ya que el libro se vende muy bien, hasta el punto de convertirse en una de las biografías más leídas del siglo XIX. Esta obra se encuentra en el origen de la versión muy estereotipada de la vida de Daniel Boone, y lo convierte en uno de los héroes más conocidos del inicio de la conquista del oeste.

Desde entonces, se pierde la cuenta de las novelas, las novelas cortas y las películas que se le han dedicado. En el imaginario estadounidense, se ha convertido en la figura de la conquista del oeste, a pesar de que solo vivió los inicios.

EN RESUMEN

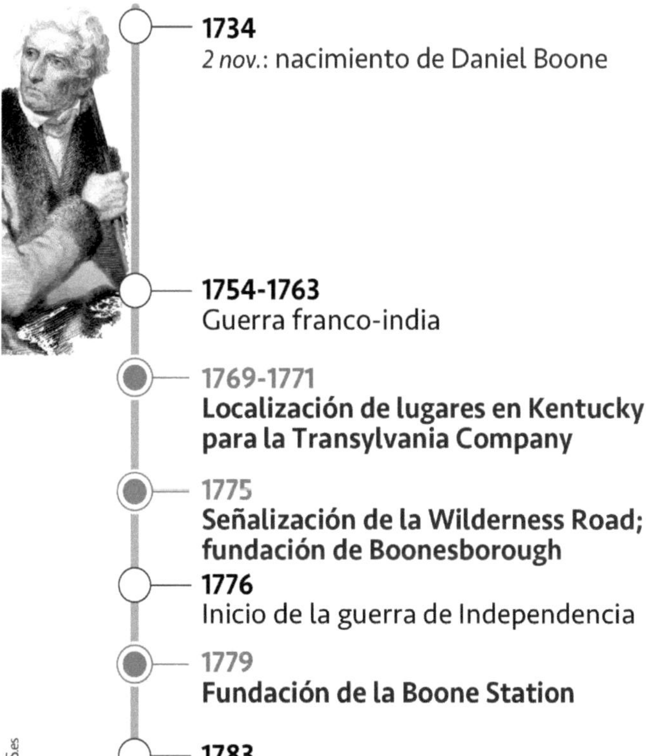

1734
2 nov.: nacimiento de Daniel Boone

1754-1763
Guerra franco-india

1769-1771
Localización de lugares en Kentucky para la Transylvania Company

1775
Señalización de la Wilderness Road; fundación de Boonesborough

1776
Inicio de la guerra de Independencia

1779
Fundación de la Boone Station

1783
3 sept.: final de la guerra de Independencia

- En 1734, Daniel Boone nace cerca de la actual Reading, en Pensilvania. Desde su más tierna infancia, ya sueña con exploraciones y aventuras.
- Mientras se produce la guerra franco-india, participa en la campaña de Braddock (1755) y conoce a John Finley, que le habla de Kentucky.
- A continuación, durante un *long hunt* que durará 2 años, explora Tennessee.
- Después, va a Florida, que explora en 1765 y donde incluso planea quedarse.
- En 1767, Boone entra por primera vez en Kentucky y queda embelesado.
- La Transylvania Company lo envía allí en misión de exploración del lugar en 1769 y se queda dos años, en los que es capturado por los amerindios por primera vez.
- En 1773, un primer intento de colonización en Kentucky se convierte en un desastre. El convoy de unas decenas de colonos es la diana de unos guerreros shawnees. Boone pierde a un hijo en el combate.
- No obstante, esto no logra desanimarlo y, en 1775, siempre por cuenta de la Transylvania Company, marca la Wilderness Road, un paso que cruza los Apalaches y que lleva al río

Kentucky, donde manda construir el fuerte de Boonesborough.

- Durante la guerra de Independencia de Estados Unidos de América, Boone se enrola en la milicia patriótica de Virginia, de la que Kentucky se acaba de convertir en un condado.
- En 1777, resulta herido en la pierna cuando participa en la defensa de Boonesborough.
- Al año siguiente, es capturado por unos shawnees. Se queda junto a ellos durante 3 meses y, después, se escapa cuando sorprende los preparativos de un ataque al fuerte de Boonesborough. Corre para informar a la población, lo que permite que el ataque fracase.
- Boone, infatigable, funda en 1779 la Boone Station, un nuevo establecimiento colonial en Kentucky, y sigue luchando junto a los patriotas a intervalos regulares.
- Durante toda la guerra de Independencia, Boone gana dinero vendiendo tierras a los colonos que desean instalarse en Kentucky.
- Sin embargo, a partir del final del conflicto, cambia su suerte. A lo largo de los años, y en paralelo a la organización progresiva de Estados Unidos, Boone pierde una a una todas las tierras que había comprado.

- Se le acumulan las deudas y, hacia 1800, acaba por exiliarse a Misuri.
- En 1820, Daniel Boone muere de vejez a los 85 años, pero entra en la leyenda como uno de los pioneros más conocidos del oeste estadounidense.

¡Tu opinión nos interesa!
¡Deja un comentario en la página web de tu
librería en línea,
y comparte tus favoritos en las redes sociales!

PARA IR MÁS ALLÁ

FUENTES BIBLIOGRÁFICAS

- American Council of Learned Societies. 1980. *Concise dictionary of American biography*. Nueva York: Charles Scribner's sons.

- Boorstin, Daniel. 1981. *Histoire des Américains. Naissance d'une nation*, tomo 2. París: Armand Colin.

- Brown, Meredith Mason. 2008. *Frontiersman*. Luisiana: Louisiana State University Press.

- Durpaire, François. 2013. *Histoire des États-Unis*. París: Presses universitaires de France, colección *Que sais-je?*

- Encyclopaedia Britannica, "Daniel Boone". Consultado el 28 de junio de 2017. https://www.britannica.com/biography/Daniel-Boone

- Firmin-Didot, Hyacinthe, Frédéric Firmin-Didot, Ambroise Firmin-Didot y Ferdinand Hoefer. 1855. *Nouvelle biographie générale depuis les temps les plus reculés jusqu'à nos jours*, tomo 6. París: Firmin Didot Frères.

- Hilje Quirós, Luko. 2009. *De cuando la patria ardió*. San José: Editorial Universidad Estatal a Distancia.

- Jacquin, Philippe y Daniel Royot. 2004. *Go West! Histoire de l'Ouest américain d'hier à aujourd'hui*. París: Flammarion, colección *Champs histoire*.

- Johnson, Allen. 1922. *Dictionary of American biography*, tomo 2. Londres: Oxford University Press.

- Johnson, Thomas H. 1966. *The Oxford Companion to American History*. Nueva York: Oxford University Press.

- Kaspi, André. 2002. *Les Américains. Naissance et essor des États-Unis. 1607-1945*, tomo 1. París: Seuil.

- Le Bris, Michel. 2010. *Dictionnaire amoureux des explorateurs*. París: Plon.

- Marquis-Who's Who Incorporated. 1963. *Who Was Who in America. Historical volume (1607-1896)*. Chicago: Marquis-Who's Who Incorporated.

- Morison, Samuel Eliot. 1965. *The Oxford History of American People*. Nueva York: Oxford University Press.

- Morris, Richard B. 1982. *Encyclopedia of American History*. Nueva York: Harper & Row.

- Turner, Frederick Jackson. 1963. *La frontière dans l'histoire des États-Unis*. París: Presses universitaires de France.

- van Doren, Charles y Robert McHenry. 1984. *Webster American Biographies*. Springfield: Merriam-Webster Inc.

- Vincent, Bernard. 2012. *Histoire des États-Unis*. París: Flammarion.

FUENTES ICONOGRÁFICAS

- Imagen del actor Fess Parker encarnando a Daniel Boone en 1966. La imagen reproducida está libre de derechos.

- Retrato de Daniel Boone. La imagen reproducida está libre de derechos.

- Litografía que representa a Boone luchando contra los amerindios para proteger a su familia. La imagen reproducida está libre de derechos.

- Imagen en la que se representa la captura de la hija de Daniel Boone. La imagen reproducida está libre de derechos.

LITERATURA

- Cooper, James Fenimore. 1823-1841. *Leatherstocking Tales*.

- Cooper, James Fenimore. 1826. *El último mohicano*.

PELÍCULAS Y SERIE DE TELEVISIÓN

- *Daniel Boone*. Dirigida por Wallace McCutcheon, con William Craven, Florence Lawrence y Susanne Willis. Estados Unidos: Edison Manufacturing

Company, 1907.

- *Daniel Boone.* Dirigida por David Howard, con George O'Brien, Heather Angel y John Carradine. Estados Unidos: George A. Hirliman Productions, 1936.

- *Daniel Boone.* Serie de televisión dirigida por Borden Chase, con Fess Parker, Albert Salmi y Ed Ames. Estados Unidos: NBC, 20th Century Fox Television, Arcola Pictures y Fespar Enterprises, 1964-1970.

50MINUTOS.es
Historia
Economía y empresa
Coaching
Book Review
Salud y bienestar
Arte y literatura
EL DIAGRAMA DE ISHIKAWA
Material Método Máquina
Madre Naturaleza Medida Hombres
LA GUERRA DE PALESTINA DE 1948
DOMINA EL ARTE DEL NETWORKING
¡APRENDER NUNCA ANTES FUE TAN RÁPIDO!
www.50minutos.es